海上絲綢之路基本文獻叢書

# 海防纂要（一）

〔明〕王在晋 撰

文物出版社

圖書在版編目（CIP）數據

海防纂要. 一 /（明）王在晋撰. -- 北京 : 文物出版社, 2022.7
（海上絲綢之路基本文獻叢書）
ISBN 978-7-5010-7650-5

Ⅰ. ①海… Ⅱ. ①王… Ⅲ. ①海防－軍事史－中國－明代 Ⅳ. ①E294.8

中國版本圖書館 CIP 數據核字（2022）第 086617 號

**海上絲綢之路基本文獻叢書**

海防纂要（一）

---

撰　　者：〔明〕王在晋
策　　劃：盛世博閱（北京）文化有限責任公司

封面設計：鞏榮彪
責任編輯：劉永海
責任印製：王　芳

出版發行：文物出版社
社　　址：北京市東城區東直門内北小街 2 號樓
郵　　編：100007
網　　址：http://www.wenwu.com
經　　銷：新華書店
印　　刷：北京旺都印務有限公司
開　　本：787mm×1092mm　1/16
印　　張：10.875
版　　次：2022 年 7 月第 1 版
印　　次：2022 年 7 月第 1 次印刷
書　　號：ISBN 978-7-5010-7650-5
定　　價：90.00 圓

---

# 總緒

海上絲綢之路，一般意義上是指從秦漢至鴉片戰争前中國與世界進行政治、經濟、文化交流的海上通道，主要分爲經由黄海、東海的海路最終抵達日本列島及朝鮮半島的東海航綫和以徐聞、合浦、廣州、泉州爲起點通往東南亞及印度洋地區的南海航綫。

在中國古代文獻中，最早、最詳細記載『海上絲綢之路』航綫的是東漢班固的《漢書·地理志》，詳細記載了西漢黄門譯長率領應募者入海『齎黄金雜繒而往』之事，書中所出現的地理記載與東南亞地區相關，并與實際的地理狀況基本相符。

東漢後，中國進入魏晋南北朝長達三百多年的分裂割據時期，絲路上的交往也走向低谷。這一時期的絲路交往，以法顯的西行最爲著名。法顯作爲從陸路西行到印度，再由海路回國的第一人，根據親身經歷所寫的《佛國記》（又稱《法顯傳》）一書，詳細介紹了古代中亞和印度、巴基斯坦、斯里蘭卡等地的歷史及風土人情，是瞭解和研究海陸絲綢之路的珍貴歷史資料。

隨着隋唐的統一，中國經濟重心的南移，中國與西方交通以海路爲主，海上絲綢之路進入大發展時期。廣州成爲唐朝最大的海外貿易中心，朝廷設立市舶司，專門管理海外貿易。唐代著名的地理學家賈耽（七三〇～八〇五年）的《皇華四達記》記載了從廣州通往阿拉伯地區的海上交通『廣州通夷道』，詳述了從廣州港出發，經越南、馬來半島、蘇門答臘半島至印度、錫蘭，直至波斯灣沿岸各國的航綫及沿途地區的方位、名稱、島礁、山川、民俗等。譯經大師義浄西行求法，將沿途見聞寫成著作《大唐西域求法高僧傳》，詳細記載了海上絲綢之路的發展變化，是我們瞭解絲綢之路不可多得的第一手資料。

宋代的造船技術和航海技術顯著提高，指南針廣泛應用於航海，中國商船的遠航能力大大提升。北宋徐兢的《宣和奉使高麗圖經》詳細記述了船舶製造、海洋地理和往來航綫，是研究宋代海外交通史、中朝友好關係史、中朝經濟文化交流史的重要文獻。南宋趙汝適《諸蕃志》記載，南海有五十三個國家和地區與南宋通商貿易，形成了通往日本、高麗、東南亞、印度、波斯、阿拉伯等地的『海上絲綢之路』。宋代爲了加强商貿往來，於北宋神宗元豐三年（一〇八〇年）頒佈了中國歷史上第一部海洋貿易管理條例《廣州市舶條法》，并稱爲宋代貿易管理的制度範本。

元朝在經濟上採用重商主義政策，鼓勵海外貿易，中國與歐洲的聯繫與交往非常頻繁，其中馬可•波羅、伊本•白圖泰等歐洲旅行家來到中國，留下了大量的旅行記，記録元代海上絲綢之路的盛况。元代的汪大淵兩次出海，撰寫出《島夷志略》一書，記録了二百多個國名和地名，其中不少首次見於中國著録，涉及的地理範圍東至菲律賓群島，西至非洲。這些都反映了元朝時中西經濟文化交流的豐富内容。

明、清政府先後多次實施海禁政策，海上絲綢之路的貿易逐漸衰落。但是從明永樂三年至明宣德八年的二十八年裏，鄭和率船隊七下西洋，先後到達的國家多達三十多個，在進行經貿交流的同時，也極大地促進了中外文化的交流，這些都詳見於《西洋蕃國志》《星槎勝覽》《瀛涯勝覽》等典籍中。

關於海上絲綢之路的文獻記述，除上述官員、學者、求法或傳教高僧以及旅行者的著作外，自《漢書》之後，歷代正史大都列有《地理志》《四夷傳》《西域傳》《外國傳》《蠻夷傳》《屬國傳》等篇章，加上唐宋以來衆多的典制類文獻、地方史志文獻，集中反映了歷代王朝對於周邊部族、政權以及西方世界的認識，都是關於海上絲綢之路的原始史料性文獻。

海上絲綢之路概念的形成，經歷了一個演變的過程。十九世紀七十年代德國地理學家費迪南・馮・李希霍芬（Ferdinad Von Richthofen，一八三三～一九〇五），在其《中國：親身旅行和研究成果》第三卷中首次把輸出中國絲綢的東西陸路稱爲『絲綢之路』。有『歐洲漢學泰斗』之稱的法國漢學家沙畹（Édouard Chavannes，一八六五～一九一八），在其一九〇三年著作的《西突厥史料》中提出『絲路有海陸兩道』，蘊涵了海上絲綢之路最初提法。迄今發現最早正式提出『海上絲綢之路』一詞的是日本考古學家三杉隆敏，他在一九六七年出版《中國瓷器之旅：探索海上的絲綢之路》中首次使用『海上絲綢之路』一詞；一九七九年三杉隆敏又出版了《海上絲綢之路》一書，其立意和出發點局限在東西方之間的陶瓷貿易與交流史。

二十世紀八十年代以來，在海外交通史研究中，『海上絲綢之路』一詞逐漸成爲中外學術界廣泛接受的概念。根據姚楠等人研究，饒宗頤先生是華人中最早提出『海上絲綢之路』的人，他的《海道之絲路與昆侖舶》正式提出『海上絲路』的稱謂。選堂先生評價海上絲綢之路是外交、貿易和文化交流作用的通道。此後，大陸學者馮蔚然在一九七八年編寫的《航運史話》中，使用『海上絲綢之路』一詞，這是迄今學界查到的中國大陸最早使用『海上絲綢之路』的人，更多地限於航海活動領域的考察。一九八〇年北京大學陳炎教授提出『海上絲綢之路』研究，并於一九八一年發表《略論海上絲綢之路》一文。他對海上絲綢之路的理解超越以往，且帶有濃厚的愛國主義思想。陳炎教授之後，從事研究海上絲綢之路的學者越來越多，尤其沿海港口城市向聯合國申請海上絲綢之路非物質文化遺産活動，將海上絲綢之路研究推向新高潮。另外，國家把建設『絲綢之路經濟帶』和『二十一世紀海上絲綢之路』作爲對外發展方針，將這一學術課題提升爲國家願景的高度，使海上絲綢之路形成超越學術進入政經層面的熱潮。

與海上絲綢之路學的萬千氣象相對應，海上絲綢之路文獻的整理工作仍顯滯後，遠遠跟不上突飛猛進的研究進展。二〇一八年厦門大學、中山大學等單位聯合發起『海上絲綢之路文獻集成』專案，尚在醞釀當中。我們不揣淺陋，深入調查，廣泛搜集，將有關海上絲綢之路的原始史料文獻和研究文獻，分爲風俗物産、雜史筆記、海防海事、典章檔案等六個類別，彙編成《海上絲綢之路歷史文化叢書》，於二〇二〇年影印出版。此輯面市以來，深受各大圖書館及相關研究者好評。爲讓更多的讀者親近古籍文獻，我們遴選出前編中的菁華，彙編成《海上絲綢之路基本文獻叢書》，以單行本影印出版，以饗讀者，以期爲讀者展現出一幅幅中外經濟文化交流的精美畫卷，爲海上絲綢之路的研究提供歷史借鑒，爲『二十一世紀海上絲綢之路』倡議構想的實踐做好歷史的詮釋和注脚，從而達到『以史爲鑒』『古爲今用』的目的。

# 凡例

一、本編注重史料的珍稀性，從《海上絲綢之路歷史文化叢書》中遴選出菁華，擬出版百册單行本。

二、本編所選之文獻，其編纂的年代下限至一九四九年。

三、本編排序無嚴格定式，所選之文獻篇幅以二百餘頁爲宜，以便讀者閱讀使用。

四、本編所選文獻，每種前皆注明版本、著者。

五、本編文獻皆爲影印，原始文本掃描之後經過修復處理，仍存原式，少數文獻由於原始底本欠佳，略有模糊之處，不影響閱讀使用。

六、本編原始底本非一時一地之出版物，原書裝幀、開本多有不同，本書彙編之後，統一爲十六開右翻本。

# 目録

海防纂要（一）　序至卷一　〔明〕王在晋　撰　明萬曆四十一年刻本……………………一

# 海防纂要（一）

# 海防纂要（一）

序至卷一

〔明〕王在晋 撰

明萬曆四十一年刻本

# 海防纂要序

天下之勢必我有以先人而人不得以先我斯我操常勝之權有恐而無患所謂我先人者非挾有餘以乘人我常處其有餘雄眎四裔無定卒然而應

常歸于不足則又安能倉皇
起敵化不足為有餘故至人之足
而不足不足而足不恃恐之不來
恃恐之來有備而亡患除戎器
以戒不虞防之說所從來已
國家提封萬里直渤閩廣膠萊

之境控距天險鯨波吹揚不戰而栗其于扶桑析木匯陽丸泥水淋葦一葉任風伯陽侯為馳動盪一萬里遥者碧蹄開平平役蹂躪我屬國左足而窺门户蛇豕遺腥閩河東海乃家康狡逞鷹

倉中山跳梁正劇而我民航海走
死往來如織良民畏倭而奸民習
倭上之人惕倭之來而下之人引
倭之至是昔之防倭防其儻然而
今之防倭防其必然昔之防倭防
其外蝕今之防倭防其內蝕昔所

虞者零星摽掠之倭而今所虞者
大舉入寇之倭昔之倭爲邊幅四
肢之患今之倭爲
神京肘腋之患山城五島之間隱然
樹一敵國戕雖礪兵磨刃終不能
侵倭之尺寸而彼之憑陵吞噬常

窺我之尋丈嘗、事者不得不以倭
為外懼頓肩人言影、至而圖則
晚君子識幾、勤而防必預先事
而防之必循其竅會要約者而圖
之今所為防倭要書曰籌海圖編
再輯為籌海重編通又纂為海

防類考謨略具載而近事或有所遺佚又其書漶漫間出于書生之腹笥而未親質于矢石鋒鏑之場余惟東南所最急者莫逾防海之一籌環海生齒日以蕃庶而年來民不知兵習于安窳惰

而武備多所闊略辛丑之歲晉甫受事閩南倏忽逕至壯士環甲與躍波跳浪之雄共鬪于天池臣文吏所司不過歸令期會而至于先聲振膽常經日終夜萬日以憂于戈故疆圉之畫寤屬心

于南海〻波臣而不倭燥髮生長
海濱與魚鰕隣沙民〻不知虜
猶夏虫之不知冰也不知冰而知暑
憲必先于倭矣須者于役于浙
大中丞淄川高公時進小子晉抵
掌以談軍旅會城水陸軍民兵

十六營屯哨隊時奉
軍令指麾調度籌畫機宜間常
竊取載籍旁搜從括併述
中丞公所為諏咨計議有關海務
緊要者彙為一書分十有三帙名
曰海防纂要夫兵之難言久矣自

非老於行間悉覩黃石陰符指歸
要領以示雄武標識略於三軍韜
之測海不知海之深也而語防海于
今日則徒人情之變以占海氛之變
我不能得倭之情以為之備而彼反
得我之情以為之圖我未嘗得一

倭以夷攻夷而倭得我千萬人以中國攻中國窮中國之貨殘不有也誘倭以入于奢畢中國之技無勿收也佐倭以成其巧習奢則以中國之貨為利用與禁之而彼必須之矣習巧且以中國

之人為驅使任索之而彼固安之矣我民第覬倭之小利而貽我之實害其得倭之小利尚與海寇共之其貽我之實害則奸民不與而良民與焉誠嚴闌出之令則我不能窮之於所往而反有以杜其歸堅

其叛禁一弛而舉國勾倭習賊矣好賊盛則里中不逞必蹈形長竿以龍堆鼇穴遊釜探丸衛人而奪之貨而失職之民並賴而不得返其故里偷生而爲海天之嘯聚舉好賊爲倭爲盜矣故語防

海于今日防外至之寇易防内叛之寇難防窺覺作難之倭易防輸情勾引之倭難我之情畢輸則失其所爲御併失其所爲防又安能明揭海防之要領哉無已則有繕城郭飭兵戎除器具選將士精

簡練廣積聚明號令以自固其所為防而已我自固其防則倭悍我之嚴而潛消其睥睨民 中國所措注皆朝令而夕聞之者也民
中國之瑕缺皆與是而彼即彰者也不示人以瑕則無瑕之可攻矣無

以褫海外之倭而先以惕腹心之倭不恃倭之來不來以備吾之防而視我之備不備以挈防之要敵吾所不窺我無所不戒敵吾不防於窺奸民吾不防于露而我之無不防于防防則吾可乘時時防則永吾

可乘隙之千金之家來是盜之
破其藩抉其扃而發、治垣墻固
鎖鑰訓丁奴時為不虞之警、藏
則率然而、應人不得乘其不足
而我常挾其有餘預籌于無
形遏釁斬關之盜望而走矣

造必操觚而轍跡自合容成庖羲而晷度不愆請以是而披往牒摟成書善敗之故必恍然有悟于篇端矣夫神而明之默而成之抑以俟夫作者時

萬曆歲次癸丑孟秋之吉

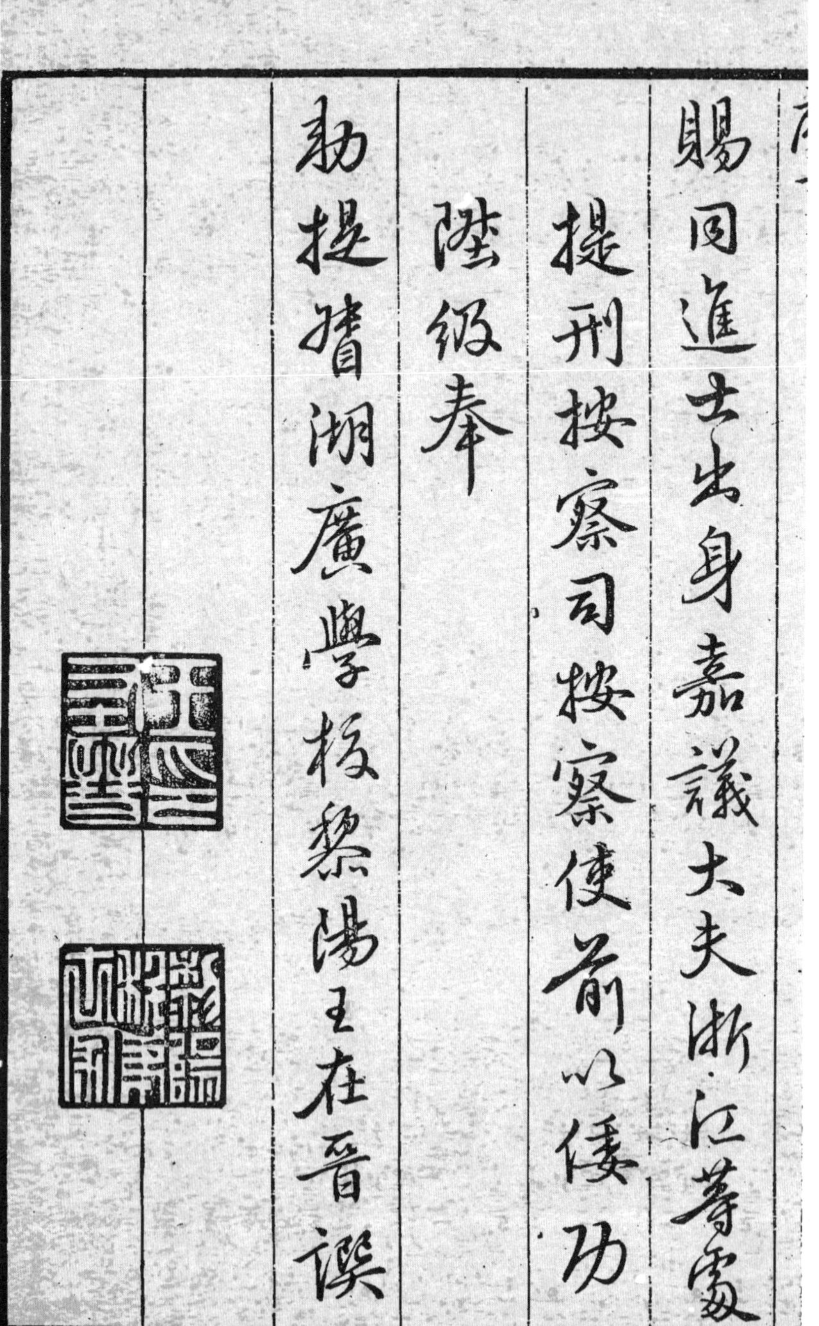

序

賜同進士出身嘉議大夫浙江等處

提刑按察司按察使前以倭功

陞級奉

勅提督湖廣學校黎陽王在晉譔

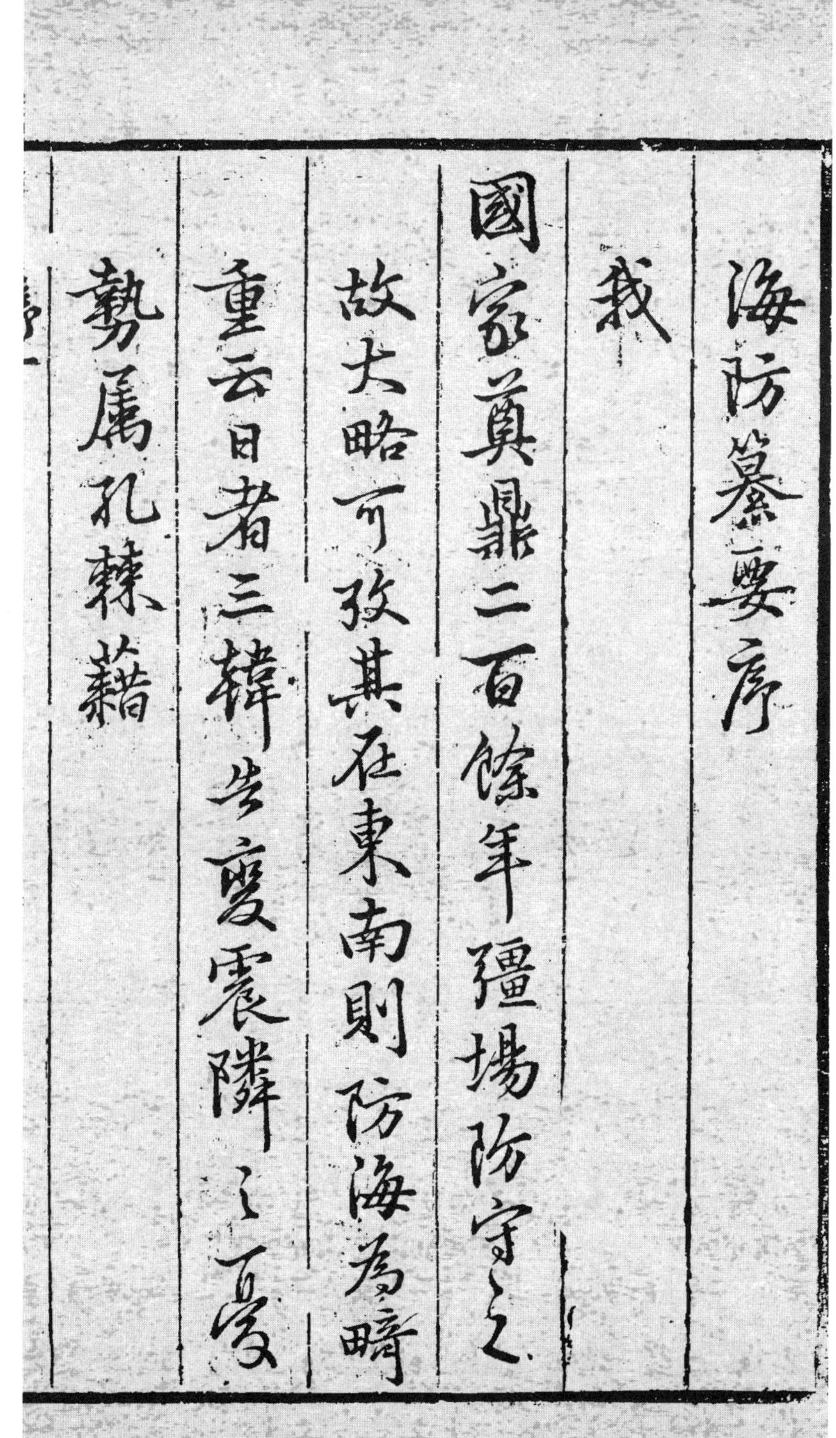

海防纂要序

我

國家奠鼎二百餘年疆埸防守之

故大略可孜其在東南則防海為畸

重云日者三韓告變震鄰之可憂

勢屬孔棘藉

皇上威稜遐暢海不揚波迄今東南之
眂帖然安瀾矣迺有備無患自昔
言之況今日之東南無患形而有患
實者乎余不佞奉
簡命視浙上師五載矣翹飲冰所爲
討按實論要害飭軍容者無自

不揣據焉歲春輒移鎮蝦川時帥諸偏將軍泛樓船按視絕徼稍得情形出腹畫籌之庶幾先瞭儲泉令鯨鯢不至挾波濤而舞雅思以目所覩記身所歷涉手一編以須後來會集大夫姑蘇王公蓋懷龍虎

鞱考常傍我障海東校之役歲
實大創至片帆得還比適彌首督
江上兩人相對計東南而思綢繆不
自知其膝之前也以因取令甲章奏
籌海名臣及所自著蘭江越鐫諸
集已又取余所商條款規議擇其

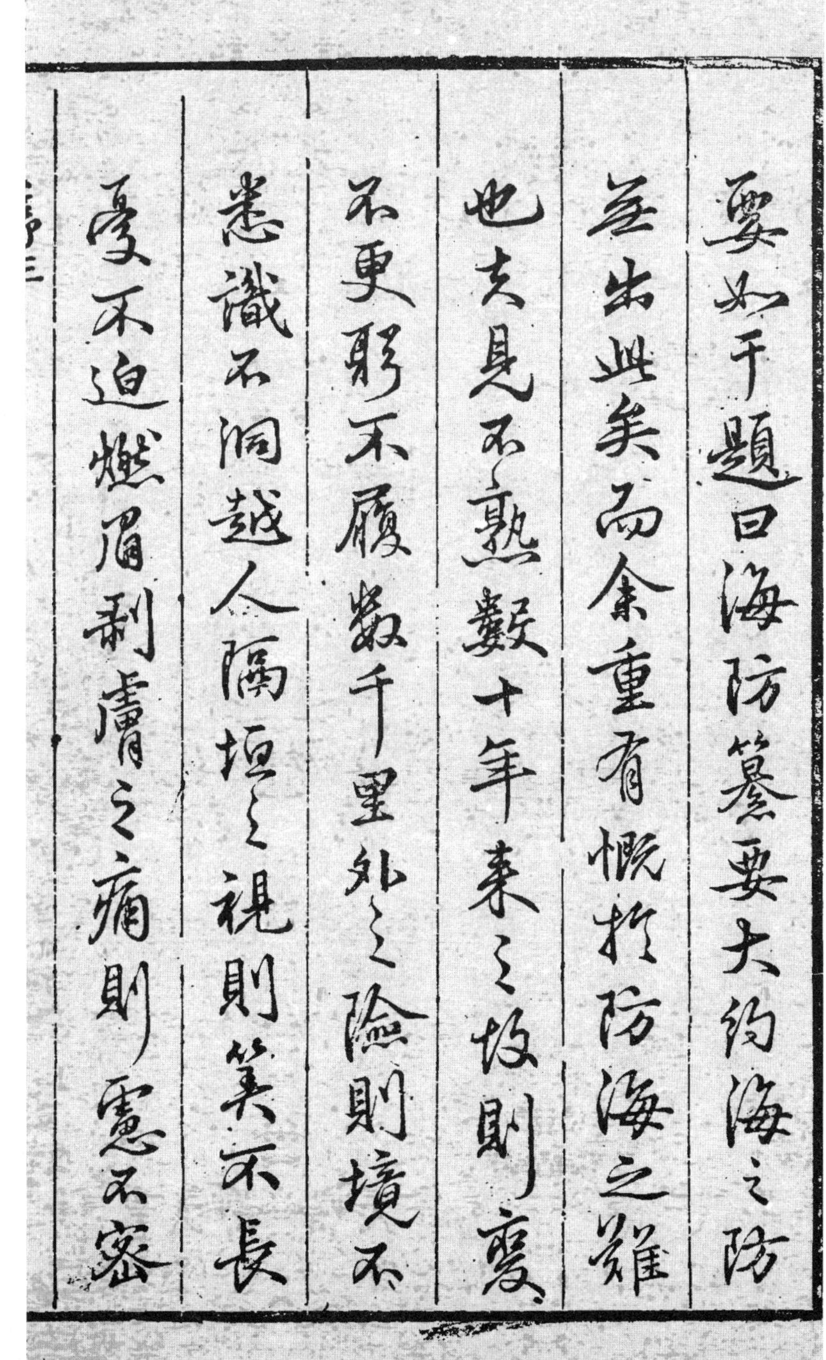
要如干題曰海防纂要大約海之防
莫出此矣而余重有慨於防海之難
也夫是不熟數十年來之故則變
不更形不履數千里外之險則境不
悉識不洞越人隔垣之視則策不長
憂不迫燃眉剝膚之痛則慮不密

且也今日之奸民闌出徼外嗌夷以漢物夷復以厚餌招之長此不已勢必有中行侖侯輩為之標嚮内訌是今日之所置念匯夷之能患中國也緊中國之自為患也而今所置防匯但以中國防夷也緊以中國

防中國也以中國防夷蓋自浙海以東遼海以南閩海以北嶺海以西延袤萬千餘里而邊遙尚生無所不備無所不寡之病如以中國防中國則皋落且有侏儒几席且有戈戟冠舄其狀者且被跣其心顏安能人諸而

人防之哉是蓋也山川之要塞今昔
之典故好究之變態羈隸與夫戰守
之機宜經略而龍之攝之者固開卷
而犁然攬之而畫然也詎非防海
上策東南世世之利耶公心良苦而
功良偉哉余以積勞成疾幸得

予告虔幾弛于負擔第愧無裨東南

以報

聖主恩得是編也有以藉手矣

萬曆歲次癸丑孟冬吉旦

欽差提督軍務巡撫浙江都察院右

僉都御史前大理寺右少卿右寺丞奉

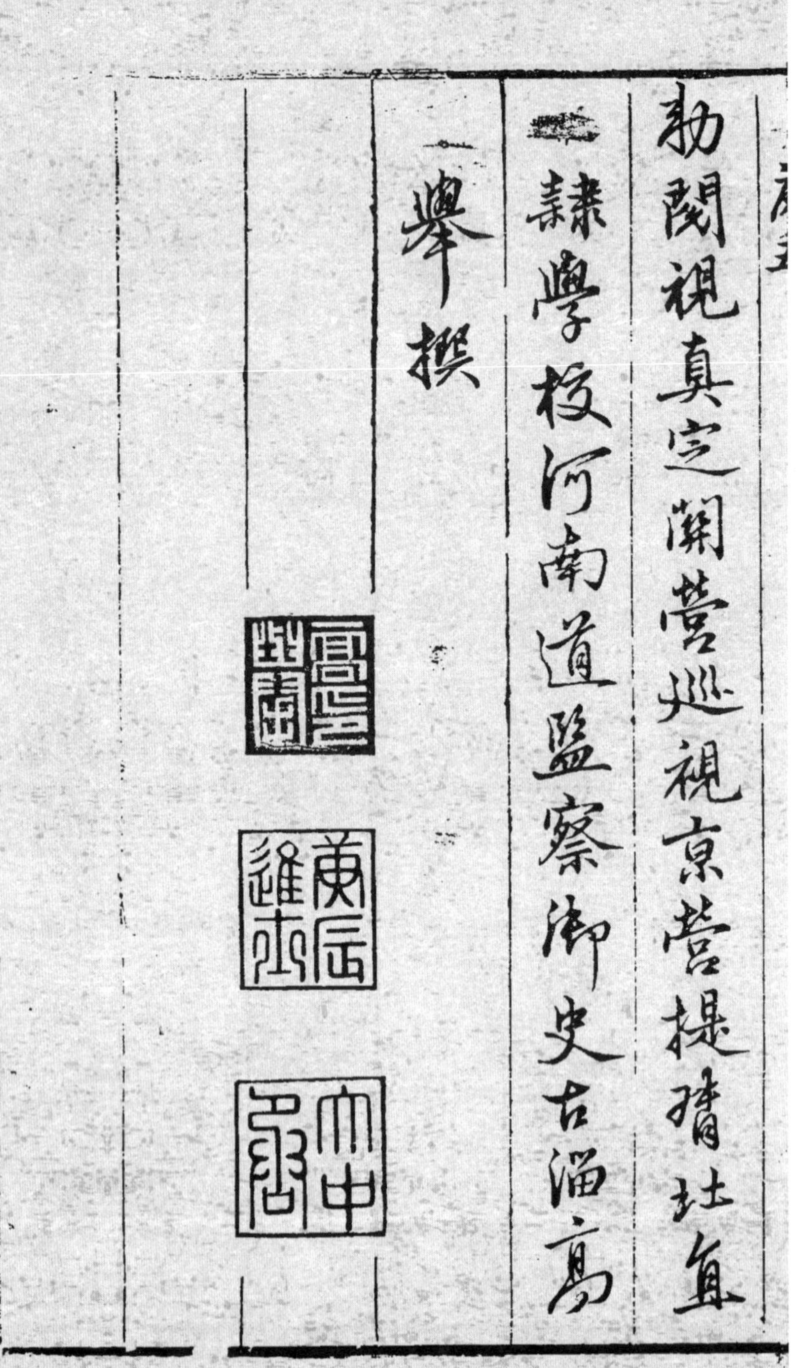

勅閲視真定關營巡視京營提督北直

隸學校河南道監察御史古淄高

舉撰

# 海防纂要凡例

一自少保梅林胡公徵崑山鄭若曾輯籌海圖編制府蕭公命晉江鄧鐘輯籌海重編督撫劉公命海道范公淶輯海防類考凡禦侮機宜有成書之可按矣然其間冗而非要者存之舊編以備考畧而未詳者收之新刻以補遺是編也合三書而寓目焉海防要務庶可窮其梗概矣

一籌海圖編與海防類考所載山海險要及戰船器械圖靡不畢具是集止擇輿地全圖及環海直隸各省東南海夷外國總圖存其大都以備

檢閱東北諸夷亦載者爲其近朝鮮也船器等圖可省重刊觀者攷諸舊集一覽可無遺矣

一廣福浙直山東遼東沿海事宜屬之該省者附于本省項下會哨事宜合之三省者附于三省之末

一朝鮮被倭殘破故載經略朝鮮事獨詳倭又近犯琉球琉球考亦備入焉

一名公奏疏一時不及旁搜其有關東事者俟續查補入

一禦倭方略有總括者備載全篇有分行者開列

款目

一舊刻經略首敘寇原此編先定廟謨後款多係新增

一倭變詳具三書可無再及止紀捷以壯我軍之氣

一船器雖不列圖亦當詳說以備利用

一車戰安營出隘等說非海防所急然兵書不可不載

一舊刻載針經便使事也　天朝至朝鮮路程亦備錄焉

一約法明而後三軍知所遵守諸集無之今已補入

一行軍莫先賞罰具載功令

一通販盛行昭布新舊通倭禁例

一舟行極重占候此編備纂諸書占驗無遺

一醫藥祭禱亦軍中所不廢者與軍誓並存

一是編分爲十三卷與籌海圖編同

一參過典籍係籌海圖編開列者俱不重開止以新參者紀目

參過書籍

皇明祖訓
大明令
大明會典
大明律
皇明資治通鑑
肅皇大誥
兩朝憲章錄
皇明奏疏類鈔
皇輿考
吾學編

嘉隆見聞紀
邦政條例
兵部新頒禁例
續文獻通考
職方攷鏡
廣輿記
經濟類編
武經總要
虎鈐經
神機制敵

劉氏鴻書
籌海圖編
籌海重編
海防類考
海道路程
海道針經
腥仙肘後經
曆書通選
曆科程策
武場程策

紀効新書　叅將戚繼光
練兵檄　都御史溫純
平倭復國編　經略宋應昌
王奉常集　太常少卿王世懋
登壇必究　淮陰王鳴鶴
全閩約法　都御史金學曾
營規條款
優恤成規
水陸條議　都御史高
蘭江集

越鐫　按察使王在晉

舟師占驗　叅將沈有容

東海籌略　叅將徐一鳴

定海備倭紀略　遊擊梁文

海防纂要凡例紀目終

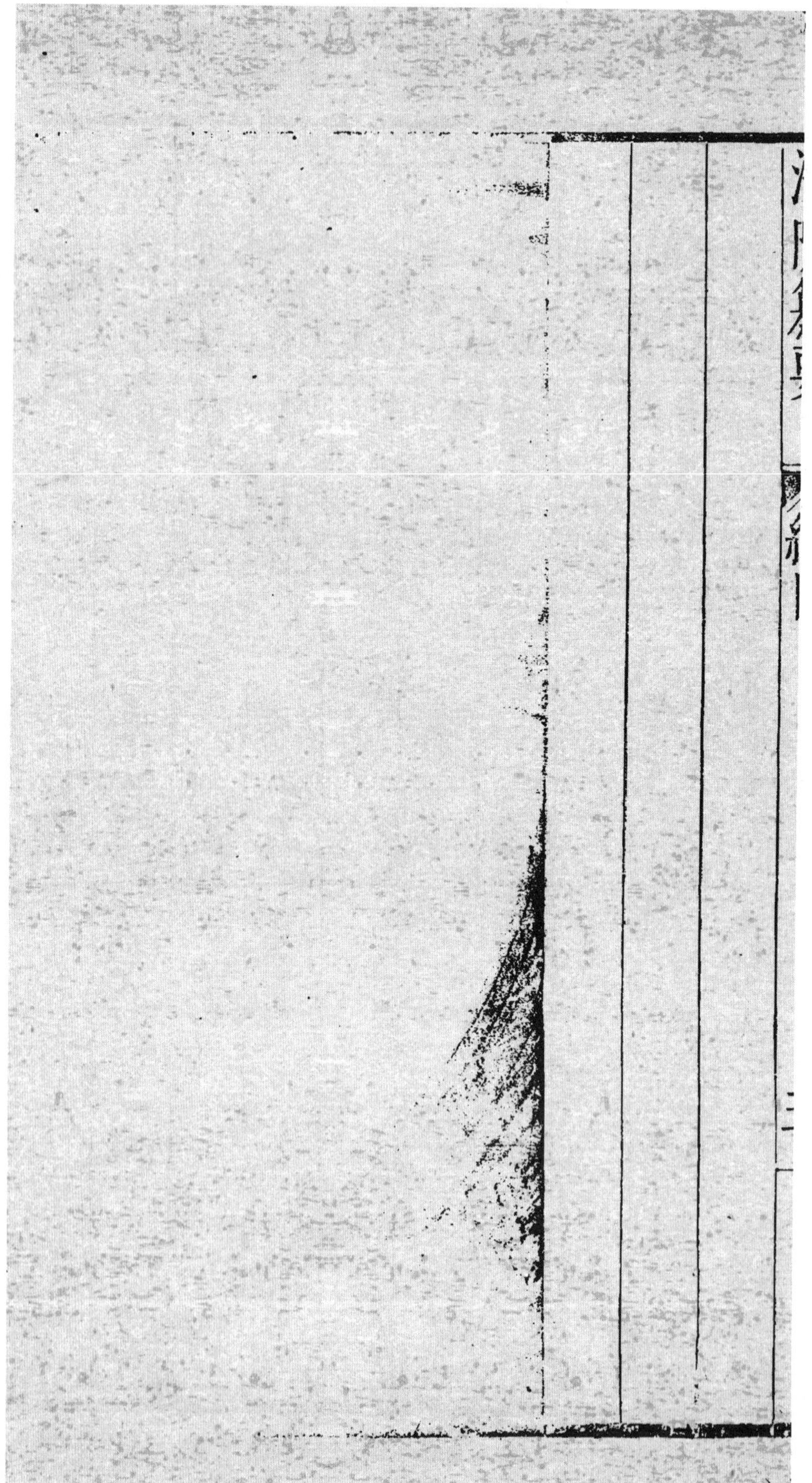

# 海防纂要圖序

輿地全圖　載籌海圖編

鎮戍總圖　載大明會典

廣福浙直山東總圖

山東沿海之圖

遼東連朝鮮圖　已上載登壇必究

東北諸夷圖

東南濵海諸夷圖

東南海夷圖　已上載皇輿考

日本國圖　載籌海重編

週天各國圖四分之一　利瑪竇刊

日本島夷入寇之圖　載海防類考

# 海防纂要

## 分門次序

山海輿地圖
沿海事宜
外國考程途針路
朝貢通考
朝鮮復國經略
禦倭方略
船器攻圍法
經略事宜

大捷考
獲夷紀略
行軍法令
功令
祭禱
醫藥
選日
占驗

# 海防纂要目錄

卷之一

廣東事宜以下係沿海事宜
東路
中路
西路
海禁
福建事宜
題設寨遊
寨遊要害

海禁
福洋五寨會哨論
福洋要害論
福寧州
條陳防海事宜議
整飭寨遊禦賊議
保護洋船議
福建備倭議
浙江事宜
論要害

論設備
論會哨
杭州
台州
海寧
議屯
土兵
陳錢嚮導
舟山
浙江要害論

嘉區防守事宜
廣福浙兵船會哨論
卷之二
南直事宜
江南諸郡
蘇松水陸守禦論
江北諸郡
江北設險方略論
江淮要害論
浙直福兵船會哨論

山東事宜
登州營
文登營
即墨營
北直隸事宜
遼東事宜
遼東軍餉論
太倉使往日本針路以下係外國考程途針路
福建使往日本針路
朝鮮考附八道

天朝至朝鮮東界地里
王京由西路至南原府程途
王京由東路至南原府程途
琉球考
福建往大琉球針路
回針
卷之三
皇圖一統説
華夷沿海經略序
日本考附各部州郡考

前代朝貢考以下係朝貢通考
本朝備倭通貢考
經略朝鮮以下係朝鮮復國經略
卷之四
朝鮮復國日本封貢議
卷之五
禦倭方略以下係禦倭方略
防海七事
發汛四款
屯局軍兵督捕三款

管規四款

船器墩臺總哨四款

團練軍民兵哨守議

防險三說

靖海島以絕釁端議

禁戢漁民搭廠繫箭議

防禦機宜五議

宣諭琉球議


卷之六


防倭標本說

兵器說以下係船器攻圍法
火器說
戰船說
遊艇
蒙衝
樓船
走舸
鬬艦
海鶻
水戰

車戰
攻城法
銷盜
被圍
奇伏
卷之七
定廟謨以下係經略事宜
敘寇原
除内逆
擇將才

實軍伍
恤軍屬
精教練
足兵餉
清屯種
汰冗食
集衆謀
收圖籍
公賞罰
禁妄殺

禦海洋

固海岓

謹瞭探

愼招撫

散賊黨

擇守令

周間諜

築城堡

通貢道

開互市

備水陸
練氣力
習銃砲

卷之八

定武略
鼓軍氣
處首級
恤傷殘
調客兵
廣團結

降宣諭
詰奸細
重隣援
別號色
寬勦除
恤陣亡
廣招賞
先整備
倡勇敢
議徵集

行保甲
辨眞僞
撫歸降
慎征討
嚴哨探
設城舖
謹更察
審搜邏
期共濟
嚴伏路

審寇術
辨船器
禁通番
卷之九
望海堝之捷 以下係大捷考
王江涇之捷
平望之捷
陸涇灞之捷
橫涇之捷
後梅之捷

清風嶺之捷
仙居之捷
乍浦之捷
勦徐海
龕山之捷
金塘之捷
擒王直
舟山之捷
淮陽之捷

卷之十

長白港之捷

霩衢之攻

裘村朱家店戴嶴湖陳之捷

劒山海洋之捷

南漩綠鷹之捷

五爪湖之捷

南麂竹嶼東洛三礁之捷

大衢嶴之捷

鹿頭外洋之捷

南麂東洛外洋之捷

浪岡陳錢海洋之捷

漁山海洋之捷

馬蹟等山八捷積谷等山五戰

馬蹟羊山漁船二捷

徐公海洋之捷

漁洋之捷

韭山浪岡漁山三捷

金齒外洋之捷

積穀海洋之捷

東霍外洋之捷

西磯洋岐六嶼海洋之捷
東洛海洋之捷
横坎門外洋之捷
花腦浪岡之捷
洛伽外洋之捷
東霍之戰
東洛外洋之捷
漳泉之捷
交趾夷以下係獲夷紀略
朝鮮漁人

飄倭
軍行以下係行軍法令
安營
起營安營規度
禁諠
度險
出隘
齎糧
斥堠聽望
探旗

探馬
遞舖
行烽

卷之十一

約法
營規
墩堠號令
伏路軍法
治水兵法
行營軍令

城守號令

卷之十二

功次通例　以下係功令

倭賊功

中傷功

倭賊領軍功

軍職獲功贖罪

旗舍民兵人等獲功贖罪

陣亡功

優恤成規

私出外境及違禁下海 下海通番禁例

考察

輯祭禱說 以下係祭禱

出軍誓衆文

軍祭

醫藥類 以下係醫藥

疫氣諸病捷說

治法

兵瘴

折傷金鎗說

破傷風論
行軍烟火所傷
冬月手足皸裂
捄五絕死

卷之十三

逐月吉日定局以下係選日
逐月直日凶神總局
行船類
河伯風波日
龍神行日

出兵類

歲月吉凶

五將所在

玄女大敗日

白虎頭日

四離日

用兵看天兵所在

八龍七鳥九虎六蛇日

戰雄方

戰雌方

五帝所在日
四耗日
四窮日
天敗日
四墓日
章光日
出軍占候以下係占驗
安營選地
臨敵占候
五行用陳尅法

用兵背生氣擊死氣
安營卜地
占軍災祥
風雨占候
舟師占驗
定各色惡風
逐月風忌
占風
占天
占雲

占日
論太白晝見
論三星摇動
占氣
占日月
占雷霆
占雨
占虹蜺
占星
占流星

占北斗

占星雜見吉凶

占虹

占霧

占電

占海

行船占日月星雲風濤

占鳥獸

占潮

浙東潮候

定太陽出沒應潮信時刻

定寅時

海防纂要目錄終

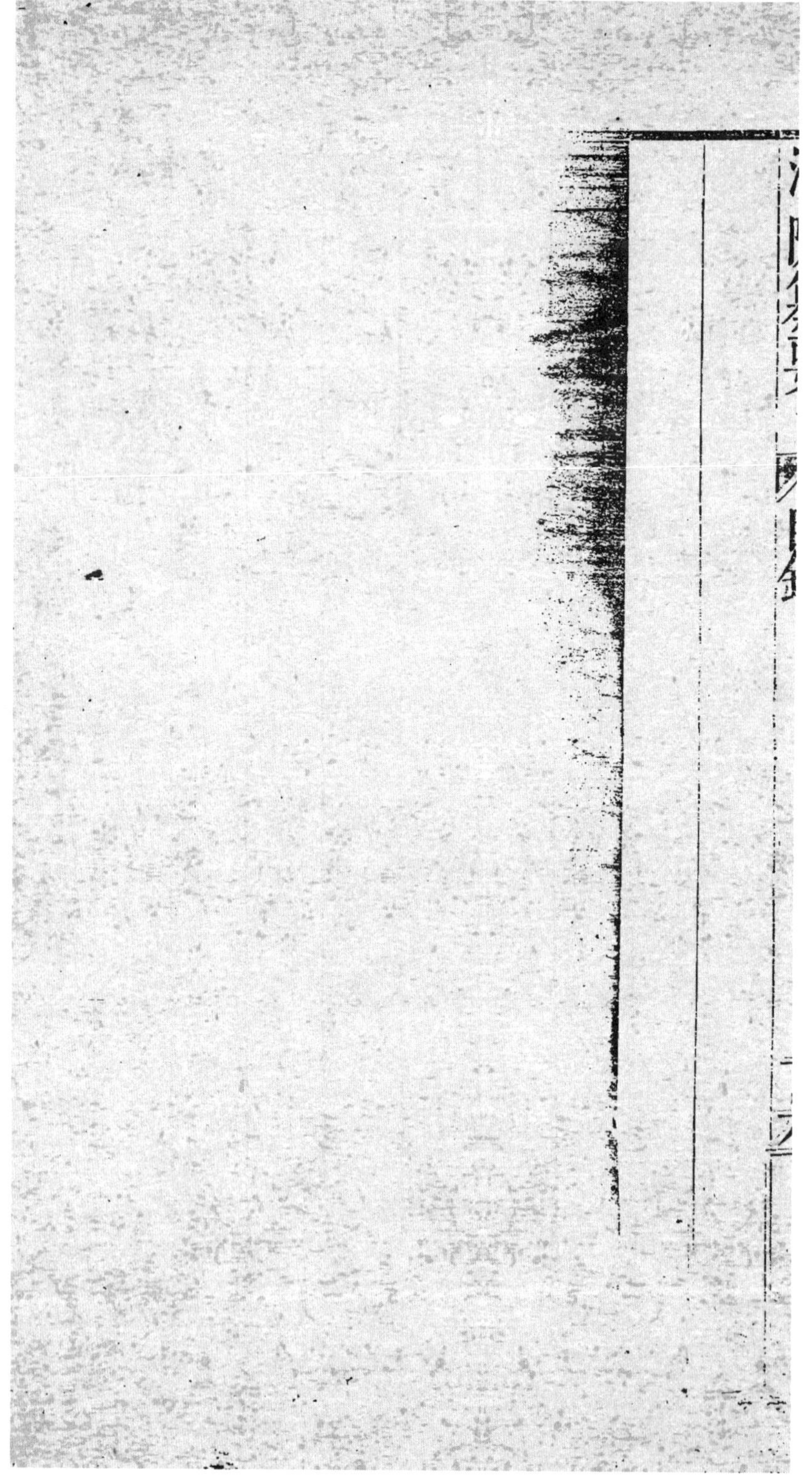

# 山海輿地圖說

寰宇地勢西北東南分爲首尾至于大海淼茫排沙中起地氣不昻總歸缺陷卽有小醜跳梁俛就殄滅關酋薦食朝鮮禍不旋踵是曰逆天我 朝 祖訓不征東南諸夷蓋置之也倭自古不通 中國 中國亦蔑視之故漢人不往則夷人不至癬疥之疾惟當圖我腹心 王者居中馭外守在四夷輕重低昻之勢備載諸圖俾觀者明于指掌云

青霞洞樵識

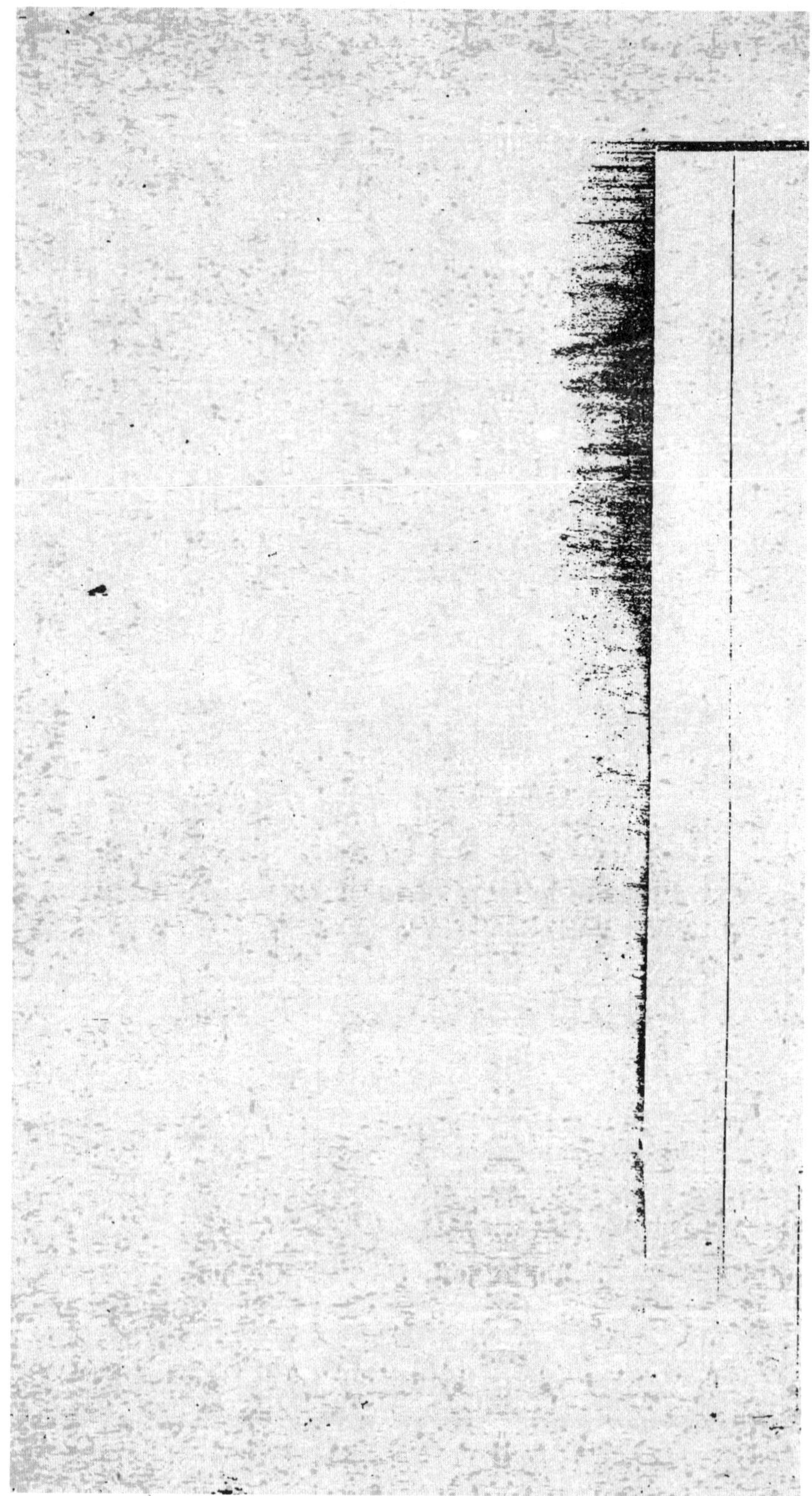

# 海防纂要卷之一

黎陽王在晉明初甫纂

## 廣東事宜

### 東路

廣東列郡者十分爲三路東路爲惠潮二郡與福建連壤漳泊通番之所必經議者謂潮爲嶺東之巨鎮柘林南澳俱係要區扼吭撫背之防不可一日緩而靖海海門蓬州大城諸所又皆跬步海濤所賴以近保三陽遠衛東嶺者也惠州海豐東南濱海其捷勝平海碣石甲子門皆瞬息生變尤宜加之意焉儻柘

林南澳失守是無潮也平海碣石失守是無惠也舟師防禦有信地之責者可少懈乎

按南澳當閩廣交界在大海之中有山田數千畝乃　國初起發居民遺棄之地也嘉隆間倭泊于此互市廣捕急則奔閩閩捕急則奔廣而海寇許朝光吳平之徒相繼巢穴於此誠盜賊淵藪也萬曆三年總督殷　福建巡撫劉　題設副總兵以彈壓之外以奪海寇之巢内以絶接濟之路左以伸閩之臂指右以固粤之門戸而屯田海利其小者也數年來漳潮無亡矢遺鏃之費策誠得矣其

次則惠潮二府亦當敵衝向被倭寇殘擾爲甚今惠潮各有叅戎柘林碣石有備總亦上游之藩蔽也議者謂惠潮水道延袤千里若海門靖海甲子所之間宜添設水兵一營遊擊海上與南澳各寨相爲犄角而東路遂可安枕然言之於無事之日則迂矣

中路

嶺南濵海諸郡左爲惠潮右爲高雷廉而廣州中處故於此置省其責亦重矣環郡大洋風濤千里皆盜賊淵藪帆檣上下烏合突來樓船屯哨可容緩乎嘗

考之三四月東南風汛日本諸島入寇多自閩趨廣柘林爲東路第一關鎖使先會兵守此則可以遏其衝而不得泊矣其勢必越於中路之屯門鷄栖佛堂門冷水角老萬山虎頭門等澳而南頭爲甚或泊以寄潮或據爲窠穴乃其所必由者附海有東莞大鵬戍守之兵使添置往來預爲巡哨遇警輙敵則必不敢以泊此矣其勢必歷峽門望門大小横琴山零丁洋仙女澳九竈山九星洋等處而西而浪白澳爲甚乃番船等候接濟之所也附海有香山所戍守之兵使添置往來預爲巡哨遇警輙敵則亦不敢以泊此

矣其勢必歷崖門寨門海萬斛山硇州等處而西而望峒澳爲甚乃番舶停留避風之門戶也附海有廣海衛新寧海朗所戍守之兵使添置往來預爲巡哨遇警輙敵則又不敢以泊此矣夫其來不得停泊去不得接濟則雖濱海居民且安枕而卧況會城乎

按廣東省會襟江帶海其東出海則由虎頭門而虎頭門之東則爲南頭省會之門戶也其西出海則爲崖門崖門之西則爲廣海衛而香山澳在省會西南夷人住泊于此稱客邏焉異日者倭寇常殘破廣海衛矣海寇曾酋輩由五虎門揚帆而來

鼓棹而去莫敢誰何無備故也今既設南頭叅將廣海守備控制于外虎頭門把總防守于內又總鎮標下添設中權二部水軍以備策應由今視昔萬一有不測之變豈遂至束手哉然議者以濠鏡澳終爲腹心之疾或議毀其巢廬或議移之浪白三洲或議設官以治之或議以隣國爲壑而徙之南澳要非根本之論也夫東省之有番舶譬人身之有痰火苟元氣完固精神充足則火與痰亦爲血脉運動之資若元神虛耗營衞不周而區區以去病爲務未有不日消而月削也故文德武備固

治者不容缺一

西路

議者曰廣東三路雖竝稱險阨今日倭奴衝突莫甚於東路亦莫便於東路而中路次之西路高雷廉又次之西路防守之責可緩也是對日本倭島則然耳三郡逼近占城暹邏滿剌諸番島嶼森列游心注盼防守少懈則變生肘腋滋蔓難圖矣可弗講乎故高州東連肇廣南憑溟渤神電所轄一帶海澳若蓮頭港汾州山兩家灘廣州灣爲本府之南翰兵符重寄不當托之匪人以貽保障之羞也雷州突出海中三

函受敵其遂溪湛川潿洲樂民等四十餘隘固爲合衛三道門戶而海安海康黑石清道并徐聞錦囊諸隘所以合防海澳以操縱反側俾不敢梗化焉者可玩愒哉若廉州則尤爲全廣重輕海北扼塞兩有攸寄故兵符特劄於靈山達堡增屯於衛北海寇峒獠外夷之憂視三嶺獨勞焉西南雄郡如瓊爲廉之外戶五指腹心盡爲黎據郡邑封疆無不濱海備倭之制若白沙石瓊館頭文昌海安海康對峙番島飄風突來防禦甚艱近雖駐叅將於崖州責有攸寄而守禦營戍舊額歲久寖弛凡此皆西路今日所當汲汲

經畫焉者深念預防俾幕南稽顙重譯來庭非長民若兵者之責乎

按西路要害論之詳矣今之設備視昔又加密焉自嘉靖十九年征黎而有瓊崖叅將之設然猶兼雷廉也至隆慶六年倭亂而始專設雷廉叅將其白鴿白沙二總則設於嘉靖四十五年北津把總則設於萬曆八年至萬曆十七年珠賊爲患而始有潿洲遊擊之設蓋西路東防倭夷西控諸番外禦交黎內擣珠寇營寨舟師棋置星列可謂備矣議者謂電白一帶向被倭寇殘陷如蹈無人之境

黨猶垂涎於此取故道而來則陽電參將之復似當議也又謂天下形勢皆內中國而外四夷獨瓊崖州郡在外黎岐居中五指腹心永爲左被不無首足倒懸之嘆嗟乎此特設兵彈壓撫馭綏徠或覬釁而動因縣治之用夏變夷則可耳若治平無事欲禽獮而草薙之亦非仁人君子之用心也

## 海禁

一廣東濱海諸邑當禁船隻若增城東莞則茶窖十字滘番禺則三漕波羅南海則仰船岡茅滘順德則黃涌頭香山新會則白水分水紅等處皆盜賊淵藪

也每藏集兇徒肆行搶掠珠禁弛則駕大船以盜珠珠禁嚴則駕小艇以行劫交通捕快接濟番舶蠹害最甚爲今之計莫若通行各縣令沿海居民各於其鄉編立船甲長副不拘人數惟視船之多寡依十家牌法循序應當如船二十隻總統於船甲長內以十隻分統於甲副仍於船尾外大書其縣船其甲下其人十字劖刻墨塡爲記其甲長副各置簿一扇備載鄉中船數并其様船隻某項生理一一直書每歲具呈於縣以憑查考如遇劫賊則被害者能識其船速投首於甲首副鳴鑼追究俾近遠皆知無字號者即

係爲非許人人俱得拏送舊時沿海居民明知賊盜懼其反攻而不救今後坐視者罪以通同則船有統紀而行劫之徒忌畏況操舟之時可以按簿呼召給價差用而不致責放之弊乎

一閩廣商民以販海爲業寸板不許下海其禁難矣今開之於收汛之時則商賈之利通禁之於出汛之時則接濟之奸絕且出汛官兵凡遇海上異船便可揚帆追擊而賊船不得假商船以入內地此海防上策也然必閩廣通行使商民明知春汛四閱月以清明前爲始冬汛二閱月以霜降爲始惟此二汛海禁

不得故違餘時聽其往來則航海者知所避趨而防汛通商兩不相病矣噫常情難與慮始惟在決斷行之耳

福建事宜

題設寨遊

八閩之地西北阻山東南濵海倭奴爲患自古已然故在洪武十九年則以江夏侯周德興正統九年則以侍郎焦宏景泰二年則以尚書薛希璉經略海上自福寧南下以達漳泉置衛凡十一置所凡十四置巡司凡十有五控之於陸又置水寨防之於海初惟

烽火南日浯嶼三寨景泰年增而爲五時則戰艦如雲旌旗相望且哨守皆衛所之軍有司無供億之費外威內固有自來矣法久人玩武備漸弛倭患突登舊制盡失加以內地奸民勾引接濟南澳走馬溪舊浯嶼南日等要害俱爲番舶所據於是廣募民艦旋設舟師五寨之外又分守十有六澳力分勢寡所在莫支至嘉靖四十二年軍門譚綸　題設五寨欽依把總以舊設烽火南日浯嶼三䑸爲正兵增設小埕銅山二寨爲奇兵而又爲之分信地明斥堠嚴會哨賊寡則自爲戰賊衆則合力併攻以抗振外洋海防

爛然一新而南澳屬閩廣之交海寇往往煽害萬曆三年軍門劉堯誨會同兩廣軍門　題設南澳副總兵玄鍾遊兵把總盜賊之淵藪既據而氛祲漸消矣其設浯銅海壇二遊總則自隆慶年也夫計全閩海道不過二千里之程耳五寨三遊聯絡犄角誠不爲踈然向者五寨兵船各四十隻兵二千二百餘名今節次裁減船數雖存大段爲小兵僅存其三分之二又大半貼駕軍兵人無固志官難約束望其乘風破浪殲鯨鯢於海外不亦難哉儻欲禦大夥倭寇非復譚軍門兵制之舊不可也

寨遊要害

福建五寨三遊鱗次海外舟師錯落扼險據隘比之他省防禦似加密焉論要害則烽火之臺山小埕之東湧海壇東庠南日烏坵浯銅彭湖玄鍾彭山皆倭寇必經之地但其地有可哨而不可守者有可寄泊而不可久泊者其最險要而紆迴則莫如彭湖蓋其山周遭數百里隘口不得方舟內澳可容千艘往時居民恃險爲不軌乃徙而虛其地今不可以民實之明矣然則分兵以守之可乎曰不可也分兵者於法爲弱遠輸者於法爲貧且絕島孤懸混茫萬頃輸不

及而援後時是委軍以予敵也然則南澳何爲而守也曰不同也南澳雖在大海之中與内地僅隔一水商船海賈往來必經吾漳泉糧食仰給海運若南澳失守是隔閩粤之肩臂而塞漳泉之咽喉也彭湖去内地也遠風順尚有日半之程惟漁舟出没耳販海之舟不必經也故彭湖譬之石田棄之可也然使倭寇結䑸而來則彭湖其巢穴矣又將何如曰修内地之防嚴接濟之禁而後相機以撲滅之耳

## 海禁

漳泉負海之民舊有商夷爲業自　先朝過禁遂致

勾倭釀成禍府至萬曆初年巡撫龎尚鵬　請開海禁准其納餉過洋旣裕足食之計實寓弭盜之術蓋市禁則商轉而爲寇市通則寇轉而爲商理固然也惟私販日本一節百法難防不如因其勢而利導之弛其禁而重其稅又嚴其勾引之罪譏其違禁之物如此則賦歸于　國奸民亦何所利而爲之哉然日本欲求貢市斷不可許何也過洋自我而往貢市自彼而來自彼而來則必有不測之變自我而往則操縱在我而彼且資中國之利二者固大不侔也若海禁愈嚴則獲利愈厚而奸民愈趨之矣嗟乎利乃亂

之囮也

一八閩多山少田又無水港民本艱食自非肩挑步擔踰山度嶺則雖斗石之儲亦不可得福興泉漳四郡皆濵于海海船運米可以仰給在南則資於廣而惠潮之米爲多在北則資于浙而溫州之米爲多玄鍾向專造運船販米至福行糶利常三倍每至輙幾十艘福民便之廣浙之人亦大利焉兵興山嶺戒嚴擔負既難而募調之費又衆大戶所積莫肯輕糶海運又厲禁焉民食兵餉如之何而不匱也故經畧福建之策莫先於處糗糧糗糧若缺則五澳之兵雖設

譬之衣冠之人外貌可觀而五內腐裂四肢痿痺未有不喪亡者今日足食之計有二其一須申明　祖宗之意止嚴雙桅船隻私通番貨以啓邊釁所謂寸板不許下海者乃下大洋入倭境也非絕民採捕于內海販糴于隣省也嚴其保甲令民沿海運糴則廣浙有無相通而福民不患于無食矣其二官府提編銀兩輸觧督府春夏給爲兵糧時價方貴有銀無米兵甚苦之不如令有司以銀秋糴賤米則米數多春而隨兵所至就以爲餉官兵不兩利乎兵餉既備民食亦充豈惟倭夷不能爲福建患將使福民之勾引

接濟與倭爲黨者永不敢矣

一往年倭寇擁衆而來動以千萬計非能自至也由福建内地奸人接濟之也濟以米水然後敢久延濟以貨物然後敢貿易濟以嚮導然後敢深入海洋之有接濟猶北虜之有奸細也奸細除而後北虜可驅接濟嚴而後倭夷可靖所以稽察之者其在沿海寨司之官乎稽察之說有二其一曰稽其船式蓋　國朝明禁寸板不許下海法固嚴矣然濱海之民以海爲生採捕魚蝦有不得禁者要之雙桅重底始可通番各官司於採捕之船定以平底單桅別以計號違

者燬之照例問擬則船有定式而接濟無所施矣其二曰稽其裝載蓋有船雖小亦分載出海合之以通番者各官司嚴加盤詰如果是採捕之船則計其合帶米水之外有無違禁器物乎其回也魚蝦之外有無販載番貨乎有之即照例問擬則載有定限而接濟無所容矣此須海道官嚴行設法如某寨責成某官某地責成某哨某處定以某號某澳束以某甲而又嚴保甲連坐之法申汛期販海之禁如此而謂通番之不可除未之信也

鎮撫鄭以忠曰杜接濟在乎嚴保甲重賞格而責之

海防官夫接濟之船非可以朝具而夕發也聚貨裹糧動經旬月同井之人非不知也所不舉者是連坐之不嚴而賞格之未重也必於五六月南風盛發之候海防官多置耳目於沿海出船之地着實體採重懸賞格但獲通倭濟接之船盡船貨賞其所獲之人官府一無所問其接濟者俱照近例重處家甲知而不舉連坐夫用法有經權用於無事之時則宜寬用於有事之日則宜嚴要在使人難犯也

遊擊王有麟曰論閩事者往往以復江夏侯舊寨爲說又有言其不當復者不知今之寨遊雖設在舊寨

之內而其哨守常在舊寨之外其言當復與不必復者皆剿紙上之談而未親歷海上者也已上俱籌海重編

福洋五寨會哨論

烽火門水寨設于福寧州地方以所轄官井沙埕羅浮爲南北中三哨其後官井洋添設水寨則又以羅江古鎮爲二哨是在烽火官井當會哨者有五也小埕水寨設于連江縣地方以所轄閩安鎮北茭焦山等七巡司爲南北中三哨是在小埕寨當會哨者有三也南日水寨設于蒲田縣地方以所轄冲心莆禧崇武等所司爲三哨而文澳港哨則近添設于平海

之後是在南日當會哨者有四也浯嶼水寨設于同安縣地方上自圜頭以至南日下自井尾以抵銅山大約當會哨者有二也銅山水寨設于漳浦地方北自金山以接浯嶼南自梅嶺以達廣東大約當會哨者亦有二也

由南而哨北則銅山會之浯嶼浯嶼會之南日南日會之小埕小埕會之烽火而北來者無不備也由北而哨南則烽火遊小埕南日浯嶼會之銅山而南來者無不備也哨道聯絡會捕合併防禦之法無逾此國初沿海設兵犬牙相制爲衞者四爲所者十謂之正兵以控禦于内又爲寨者五爲墩澳者數百謂之游兵以哨守于外且有黄崎等二鎮具洪淺等廿四巡司弓兵安邊等入捕盜民壯共爲之守焉尤慮地廣官踈難于責成隨地設官大小相維有副使一員巡視于上都指揮一員備

禦于中而各寨有把總指揮各澳有哨守指揮千百戶安邊館有通判而巡捕巡檢等官又爲之分理焉平居則信地以守警報則合力以攻一號召而兵船數百立齊一勒縛而兵夫數千響應此八閩邊海之防也

## 福洋要害論

三四月東南風汛番船多自粤趨閩而入於海其南粤云蓋寺走馬溪乃番船始發之處慣徒交接之所也附海有銅山玄鍾等哨之兵若先分兵守之則有以遏其衝而不得泊矣其勢必拋于外浯嶼此乃五嶼地方番人之巢窟也附海有浯嶼安邊等哨守之兵若先分兵守之仍撥小哨守把要緊港門則必不

敢泊矣其勢必趨於料羅烏沙此又番船等候接濟之所也附近有官澳金門等哨守之兵若先會兵守之則又不敢泊矣其勢必趨於福興若越于福興計所經之地在南日則有岱墜湄州等處在小埕則有海壇連盤等處在烽火則有官井流江等處皆賊船之所必泊者若先會兵守之則亦不敢泊矣來不得停泊去不得澳濟船中水米有限人力易疲將有不攻而自遁者況乘其疲而齊力攻之豈有不勝者哉

福寧州

閩地二面當海者興泉是也四面當海者福漳是也

寇閩要衝晉江之深扈獺窟興化之冲心平海龍溪之海門漳浦之島尾南靖之九龍寨溪皆是也然莫有如福寧州之尤險者蓋地勢自西北而東南至於省城盡之矣而福寧又在東南突出海中如吐舌然其左爲瓯括海居東面其右爲福興海居南面福寧獨當東南北三面之海倭船入寇必先犯此水寨之設職此故也舊寨在州東北五六十里三沙海面永樂初用福州中衛左衛福寧衛軍守之正統間焦宏昌議風濤難泊徙今松山之下似復舊而後可已上俱職方攷鏡

條陳防海事宜議

福建僉事王在晉云今春防汛自三月二十八日以至今不數日而羽檄已交馳矣有言賊船數隻者有言賊船四五隻者番盔角甲刀銃不計其數雖未必其言之盡實而談虎色變可謂其虛張而無當哉賊假借澳船蓬號或餉船爲其所獲或奸民爲其引導事屬不可知而耳目易混防禦爲難非若番船之一望而可識也兵防事宜所載倭船入境沿海船隻寸板不許下海儻亦今時之當禁戢者乎哨官與賊遇督駕捕盜揚帆追擊若非隣哨之適值援兵之繼至

則孤舟勢弱力必不支今一總止見一哨而一哨止坐一船萬一賊船三五合圍何以抵敵舟師條約所載依次開船首尾相接鴈行而進不許遠離䑸哨此非今日之當嚴飭者乎見賊合䑸窮追然必我兵勢重前後應援相繼方保無失若孤軍追擊恐爲賊誘引入重地如海壇哨見賊窮追統船前進至今數日尚無的報聞警之後雖嚴行各路策應事屬已晚今以後凡捕盜發船而哨官不應哨官擊賊而把總不知者皆坐以慢令之罪軍律不可不肅也自二十六年海上殺賊戰功迄今未敘人心解體夫賞罰不用

卽司馬穰苴不能克敵若總哨捕盜兵役殫力抵敵追越隣寨卽船兵偶死死椗手被傷而賊不敢內突此舉猶差强人意窮洋追逐之功覈實當錄而臨陣戰死憐恤從優此賞罰不可不明也語云見形思影謀在事先乃爲無患賊勢雖不至蔓延而內地虛實海鄉亡命之徒甘爲嚮導萬一假混商漁船隻倏然混入當今城池孰爲可守儲蓄孰爲有餘六營官兵分守哨劄鄉堡無旦夕之計郡邑無旬日之謀見賊張惶何須大敵先事警飭以戒不虞此內地不可不備也職以淺材代署書生不解兵事聞警輒先杞憂謬

有管窺徒深蠡測若文臣託諸空言而武將敢于坐視時事未知所終惟院臺入閩倚重下吏望風伏祈裁奪施行地方幸甚

賊搶去鐵頭船則兵船可混搶去漁船則民船可混儻其假冒兵漁船隻突入寨遊内地不及稽防其可慮者一也據稱賊船每隻百人係銅嶠倭船則非三五成羣爲沿海掠商之盜而虞其有後舉其可慮者二也當南風甚急防汛正殷而此三四船者卒然而至恐爲前導窺覘内洋虛實船被搶去先聲動人其可慮者三也漳泉率多亡命下海勾引海洋有警則

内地人心易摇其可慮者四也然今日之最可恨者則在人情偷安及其有事互相推諉使能同心協力首尾相顧折衝禦侮可保無虞乞賜嚴批通行防備則人心整惕而汛地有賴矣

整飭寨遊禦賊議

海上賊情月來充斥舟師到處堵截屢報衝沉謬悠之譚豈無一實我兵固有損傷賊勢亦遭折挫彼方搶擄漁船今則嚴禁不復出洋矣彼方恃火藥今則日久用之殆盡矣粮糧且竭樵汲爲難目下蔓延入廣南風返棹適當其時賊如滿載而歸則心志滿

盈必且惜財重命賊如失意而返則飄零散逸亦自落魄銷魂我能乘其惰歸挫其前隊料必歸之路設敢戰之師重兵以扼其吭出奇以擣其虛零星之兵不可當大敵薄脆之舟無使效前驅聲勢相爲犄角首尾必期應援兩船並擊須防背地攀緣一賊跳船勿遽望風披靡蓋兵無衆寡精練則强人無勇怯激昂則奮戰勝者毋以小勝自驕失事者毋以委靡自棄臨敵之際躲避船艙者割耳不宥經過之地不相策應者坐罪惟均有如失船損士具有王章儻其妄殺貪功必罹天網軍律既飭賊勢自孤呼號黨與豕

突狼奔勢所必至萬一廣賊連䑸氣焰且熾兵須預設敵貴知幾先據上游整兵相待出各寨之精銳爲正兵衝犂攻擊之必先將各船之新募者爲應兵上下往來之相照正兵各分界限恐汛地之踈虞募兵互爲羽翼助兵力之单弱漳南兩廣之咽喉也陳師宜倍福興泉入閩之門戶也整飭須嚴偵探無或後時防範不遺餘力至于鳥船色號雖經議定通行然日久須防測識我兵豈無被禽機宜必當盡洩此法相應更換俾各寨各遊自爲暗號臨時變化莫可端倪寨遊將士務宜協力同心先時戒備不惟么麽之

寇可克捷收功而廣賊聞風亦將退縮矣

保護洋船議

入夏以來官兵與賊互爲勝負賊雖未經大創然亦未能大獲漳泉屢捷少張　中國威嚴猶足支持體面顧今則更有可慮者蓋賊之所利乃在洋船彼其萬里衝濤止爲搶商劫貨萬一洋船被掠使賊飽欲而歸得志而去是威不能褫其魄而利足以導其貪當各島縱橫無主之時來年春事隱憂尚可言哉故以洋船而較漁船得失之關係有不可同日語者今以後請得與將士約儻汛地商船被劫即有堵截抵

戰之功仍以失事論罪勿言賊衆而我不能敵勿言霧黑而我不能追商船經歷之所官軍互相保護一有疎虞必不能掩蔽必不容推諉毋得先存息心以期輕恕彼此應援加意防護庶商船有所恃以無恐而賊所得不償所失可杜將來之患矣已上俱王在晉議載蘭江集

福建備倭議

國家之爲海備計非踈也沿海之地衛所鎮戍星布棊列而總鎮大師至懸徹侯之印惟是春秋耀我軍實耳今按籍而稽之十得五乎試以投石超距十得

一乎有故則議練鄉兵調客兵恬不爲怪居恒而備士伍以守信地此非異人任也此軍伍之當申者一也藩臬大吏于一方之事無所不當問而特設海道臬臣隸以防海之郡佐此數臣者于治民之事庖俎分矣乃守巡權專而浸移其職郡邑務繁而兼攝他事則所爲行海防汛詰戎器驗出入者責之誰乎此官守之當專者一也沿海有戰船有水寨責之在水哨備防非不容自正統初革水寨而軍卽安于家船入化爲烏有邇年有防汛之兵汛畢放假以節勞逸今汛畢盡去汛期復還是居恒無荷戈之士矣此地

利之當守者一也奸民之闌出誠罪也然非有形勢之家爲之羽翼安得駕艨艟而不問非有朱頓之富操其子母安得制奇嬴而不窮此非獨扞禁之首而積賄焚身倍息斂怨亦足爲盜之招此奸宄之當詰者一也夷性貪黷惟利可以餌之我　太祖絕其貢使不廢市舶寓意深遠異時海寇啓釁實由市賈不平致之今番賈至者不勝牙儈之侵牟或陰賊而取其貨伺我民至彼讎殺以相報復夫不聞處女爭桑而二國興師乎此强暴之當戢者一也民之土風便利各有所習昔年調狼苗山東之兵以膏敵斧眞同

兒戲故沙舟漁船之說識者屢屢言之顧居常則鱗集募之則獸散誠籍其舟之數與其健兒之數既可嚴私出生事之禁而緩急亦備萬一此土民之宜料者一也此皆明我官守修我吏治庇我良民釐我奸民豈爲倭設然釁既弭矣或無間而不爲寇也未可知備既預矣即爲寇而不能深入也未可知不爲倭備而倭自備者也且閩地重山疊嶂險阨回複棎冘之盜憑焉而北鄰衢處多鑛盜南界南贛多流賊如往昔鄧茂七之自建昌流也葉宗留之自處州奔也劉昂溫留生之自上杭竄也蔣福成之自尤溪起也

詹師富之自盧溪聚也皆虔劉人民殘破城郭展轉剽刦或資四省夾攻之力或賴中朝推轂之重經歲月而始就鯨鯢故夫閩非無事之國也備其外因以固其内似爲倭備而備又不止于倭者也夫曲突之謀見存而後焦灼爲無功營衞之治蚤施而後膏肓保無恙備閩非爲閩也所以爲入海之門戸也夫入貢入市則有門戸若其入寇豈必由門戸狼子野心噬不擇肉大海汪洋風伯爲政或浙或吳或淮揚一處瑕則無所不瑕豈能逆知所集乎萬曆壬子福建程策

浙江事宜

論要害

兩浙形勝太半負海島夷之來最爲切近日本舊時貢道在焉論列郡之海口則温州之飛雲横陽舘頭台州之松門海門寧波之定海太浹湖頭渡紹興之三江沙門杭州之赭山龕山嘉興之乍浦澉浦皆倭寇窺犯之地列郡之門戶也守門戶則堂奥自安矣論海洋之要害則金盤之鳳凰山南麂山松海之大陳大佛頭昌國之韮山定海之舟山遠而陳錢馬蹟下八山臨觀之烈港海寧之洋山許山皆倭寇必經之地沿海之藩籬也守藩籬則門戶自固矣夫浙東

地形突出海外固爲當敵要衝浙西雖涉裏海而豪華財帛之所聚也尤爲賊所垂涎兩浙設禦其容以軒輊耶

## 論設備

浙洋沿海舊設四總後增爲四參六總矣四參者杭嘉湖一寧紹一台金嚴一溫處一也六總者定海昌國臨觀松海金盤海寧也悉其防禦之製自內達外有三重焉會哨於陳錢分哨於馬蹟羊山普陀爲第一重沈家門馬墓之師爲第二重總兵督發兵船爲第三重備至密也乃若定海者是寧紹之門戶舟山

者又定海之外藩其地則故縣治也爲里者四爲嶴者八十有三五穀之饒魚鹽之利可供數萬人不待取給於外非若普陀諸山比也　國初置昌國衛於其上屯兵戍守誠至計也信國公經略海上以其民孤懸徙之內地改隸象山其見左矣都御史唐順之議復之即今屯兵哨守豈非守江必守淮之微意哉

## 論會哨

倭寇之來每自彼國開洋必徑抵陳錢山歇潮候風集艘分犯若遇東南風高則望洋山以犯蘇松浙西東南風和則望韭山朱家尖以犯寧紹若遇東北風

和則犯大佛頭主山鳳凰山以寇台溫東北風急則越桐山流江以入閩是陳錢洋山乃浙直共守之門戶桐山流江實閩浙相依之唇齒今以直隷兵船會哨於洋山福建兵船會哨於流江嘉興寧紹台溫兵船各會哨于隣總各取印信到单繳驗本總兵船各分哨道更相會哨其外洋總要山島每處撥軍數名責令收集柴草按伏瞭望遇警亦如烽堠之法舉火放銃則遠近易知兵船無悮而倭寇可無虞矣

都御史唐順之云江南控扼在崇明浙東控扼在舟山天生此兩處土大海中以障蔽浙直門戶諸哨船

皆自此分而南北總會於洋山若會哨嚴緊遇船即打賊何從入信國廢昌國故縣而徙之恐是千慮之一失未可謂昔人盡是而今人非也已上俱籌海重編

杭州

主事唐樞云杭州居腹裏之地而以錢塘港海門爲分戶南岈爲寧紹北爲松嘉極西盡底爲杭未臨大海若戰艦嚴守聞警即出把截賊難直擣籌海圖編

台州

把總蔡汝蘭云台州遶處海濱誠四塞之國南有桃嶴金竹北有桑州桐巖西有關山衛墅疊障層岡重

關烏道眞可禦之險而且南去盤石楚門僅百五十里東南去松門僅百里東去海門僅八十里設或倭奴棄舟登陸皆可卒至城下自海門而上者則一潮直達實一時難禦之變也三面阻山一面瀕海孤懸於數百里之外救援接濟所難卒至者惟此耳曩戚叅兵駐桃渚而倭奴屯聚桑洲遣輸糧經月不至孤危之勢誠可畏也今宜於台州專立督餉方面積聚糧餉訓練兵士以爲重鎭而且西控溫處金衢北衛寧紹權非遙制而威可近飭也

海寧

總兵俞大猷云自潭岓山以北以西之海水淺砂硬大船誤閣則破壞且無避風安嶴兵船至彼如遇夜必須當洋下碇碇不能堅每被急流飄去或夜半發風則尤危然多賴天幸非安計然則宜如何曰錢塘江烏嘴頭浦內船兵一枝不可無餘則練陸兵精卒一枝以待而嚴龕赭哨探遠諜焉庶救倉猝或曰賊舟何能至此曰賊用单桅小舟徑抵山邊閣乾登劫故必不用陸兵追捕方不走脫若以兵船必高大方能勝賊如與賊舟等則勝負未可必也令言禦賊於海也易要非通論海本遼濶舟行全藉天風與潮人

力能幾風順而重則不問潮候逆順皆可行若風輕而潮逆甚難夏秋之間風從西北起不日間必有極大西北風操舟者見此風候須急收安嶴兵船在海每日過晚俱要酌量收船安嶴以防夜半發風至追賊亦要預計今晚收船何嶴若一意前追遇夜風起悔無及矣

又云沿海之中上等安嶴可避四面颶風者凡二十三處曰馬蹟曰兩頭洞曰長塗曰高丁港曰沈家門曰舟山前港曰𣶏江曰烈港曰定海港曰黄岐港曰梅港曰湖頭渡曰石浦港曰猪頭嶴曰海門港曰松

門港曰蒼山嶴曰玉環山梁嶴等嶴曰楚門港曰黃華水寨曰江口水寨曰大嶴曰女兒嶴中等安嶴可避兩面颶風者凡一十八處曰馬木港曰長自港曰蒲門曰觀門曰竹齊港曰石牛港曰烏沙門曰桃花門曰海閘門曰九山曰爵溪嶴曰牛欄磯曰旦門曰大陳山曰大床頭曰鳳凰山曰南麂山曰霓嶴其餘下等安嶴只可避一面颶風如三孤山衢山之類不可勝數必不得已寄泊一宵若停久恐風反別迅不能支矣又潭岈山灘山許山之類皆團土無嶴一面之風亦所難避可不慎乎

議屯

都指揮戴冲霄云議者皆謂玉環等山可興屯田之利以給幕租愚謂此等山古時有民居耕作信國公皆遷之内地不許其得業豈誠棄地利而不知惜哉亦念荒山起租爲利不多卽以萬頃計之不過千石若寇據此以爲巢穴則攻逐之費不知幾倍是齎盜糧爲小而失大也故舟山止留二所瞭守而亦不許民屯種其爲慮至深遠今日備倭之策不必遠求查復信國公之制而已矣

一台州沿海近漲灘塗長數十里濶十里若倣范蠡

圍田之法令民耕種外設海塘一條以捍鹹潮俾不得傷稻每歲起科以給幕租可得若干萬石

土兵

一浙江平倭亂之後不二十年又有壬午兵民之變雖緣撫御乖方亦以其地習戰鬭所用皆土著之兵若閩中土客兼用軍兵並駕雖有一二脫巾終不敢爲大逆亦得犬牙相制之法也然其原在於將領不知大體無有勇知方之訓而越中兵柄多歸有司將帥無權平時威令旣不下逮有急安可望其節制此皆覆轍所宜更駕者也已上俱籌海重編

陳錢嚮導

夫陳錢壁下爲倭寇必爭之地蓋自彼國開洋隨風到此必登山取汲整頓精神徘徊眺望其初無定向也若南風急則由茶山而往直隸到茶山而風轉東則由高家嘴而入吳淞風轉西則過老鸛嘴而入三沙此陳錢向正北之程也若東南風急則由下八山頂羊嶼越馬蹟而進洋山到洋山而風轉正南則由大小七北經翁家港劉河而入青南風轉正東則由許山而入金山乍浦此陳錢向北之程也若東北風急則過落星頭而入深水蒲嶴到蒲嶴而風轉正東

則入大衢沙塘磐而進長塗到長塗而風轉東北則由兩頭洞而入定海到長塗而風轉南則由勝山而入臨觀到臨觀而南風大作則過瀝海而達海鹽澉浦海寧此陳錢向正西之程也到蒲磐而風猶東北則過三星鼠狼湖一帶而入舟山矣若正北風急則影外洋諸山而達閩廣矣由是觀之老鸛高家二嘴爲直隸門戶羊山爲浙西門戶深水蒲磐大衢韭山爲浙東門戶而陳錢者倭寇必經之地也近日儒生沈陛者以陳錢爲倭寇必經之地議欲建堡劄兵于此以遏其登汲之道而挫其初至之鋒似可扼其頭

而附其背矣旣而遣將登山畫圖度地竟以爲必不可行者何也陳錢壁下兩山合壁李西倒球峙於港門中間止有向西北一灣略可寄泊水淸徹底亂石巉巖兵在內賊得而阻之賊在內兵得而阻之再無出路使我兵在內賊來拒守東風方急策應不前其將何以爲生夫君子作事謀始爲可繼也平居無事之時置兵于孤絕無人之境必不能久安而況海洋之跋涉城堡之難成糧運之艱難波濤之險赫風雨之阻滯兵心之搖兀無一可者兵法所謂置之死地而後生者以其勢瀕于死而有生道之可求也故以

死戰則勝矣陳錢之議乃以生人而置之死地所謂内無所據外無所逃束手待斃萬無生理者也吾弗恐也故曰必不可行也海防類考

舟山

信國公湯和經略海上區畫周密獨于舟山似有未妥者洪武間倭犯中界犯玉環犯小瀍皆浙東海濵信國所親見也其來自五島開洋衝冒風濤困眩精神者數日自下八陳錢而始少甦然孤懸海外曠野蕭條必更歷數潮泊普陀烏沙門之類而後得覘我兵之虛實以爲進止若定海之舟山又非普陀諸山

之比其地則故縣也中爲里者四爲㽞者八十三而五穀之饒魚鹽之利可以食數萬衆不待取給于外乃倭寇貢道之必由寇至浙洋未有不念此爲可巢者徃年被其登據卒難驅除可以鑒矣我　太祖神明先見置昌國衛于其上屯兵戍守誠至計也信國以其民孤懸徙之内地止設二所兵力单弱雖有沈家門水寨然舟山地大四面環海賊船無處不可登泊儻乗昏霧假風濤之順襲至舟山海大而哨船不多豈能禦之孑以爲定海乃寧紹之門戸舟山又定海之外藩也必修復舊制而後可

## 浙江要害論

國初浙江沿海設把總六分駐定海臨觀金盤松海昌國海寧皆有大戰艦而惟海寧不設何也予嘗至定海登眺而默識之其外爲寧波洋與蘇州相對僅數百里浙之東爲寧紹西爲嘉興而杭獨處於西底乃腹内地未爲海也海上戰艦聞警卽出把截賊豈能直搗乎且海寧沙淺無嶴可泊故在設備外戶而堂奥自安矣竊攷浙海諸山其界有三黄牛山馬墓長塗拆子金塘大榭蘭秀劍山雙嶼雙塘六塘韭山塘頭等山界之上也灘山滸山羊山馬蹟兩頭洞漁山三姑霍山徐

公黄澤大小江大佛頭等山界之中也花腦求芝絡華彈九東庫陳錢壁下等山界之下也此倭寇必由之道各造戰船有七百料五百料四百料二百料尖艅之殊向因賊舟不大七百料停造久矣其五百料之類亦以不便海戰改造福清等船復調發廣東橫江烏尾船雇稅沙倉民船又有小哨草撇船軍驚八槳船裝火器出奇兵伏別網船四綜六總分哨守各洋港其綜將杭嘉湖一寧紹一台州一溫處一其把總則卽前定海昌國各分爲一耳每值春汛戰船出海初哨以三月二哨以四月三哨以五月小陽汛亦慎防之每年六七八十一二月風濤險惡正月二月風色不常皆不可行且恐海島乘間而至故春秋皆防其南哨也

至鎮下門南麂玉環烏沙門等山交于閩海而止其北哨也至羊山馬蹟灘滸衢山等處交于直海而止陳錢爲浙寇分綜之處則交相會哨遠探窮搜復于沈家門列兵船一枝馬墓港列兵船一枝竝以指揮領之舟山把總兼督水戰賊若流突中界則二枝兵船北截過長塗三姑而與浙直兵船爲犄角南截過普陀青龍洋韭山而與溫台兵船爲犄角賊若流突上界總兵官自烈港督發舟師北截之于七里嶼觀海洋而條將又自臨山洋督兵應援南截之于金塘崎頭洋而石浦梅山港兵船爲之策應是故今日之

海防自内達外有三重焉會哨于陳錢分哨于馬蹟羊山普陀大衢爲第一重出沈家門馬墓爲第二重總兵督發兵船爲第三重備至密也所患者海氣溟濛咫尺難辨風濤欻忽安危叵測兼之潮汐有順逆哨報有難易奸將逗遛藉以規避吾何從而綜覈之哉自海上用師以來擊來賊者僅一二而要去賊者不過文其故縱之愆識者謂宜以擊來賊之賞優于追去賊縱來賊之罰嚴于縱去賊風汛時月正副總兵不拘警報有無而親出海洋嚴督叅總僇力用命以遏海寇于方來則何邊鄙不寧之有已上俱職方攷鏡

嘉區防守事宜

浙江右參政王在晉呈爲嘉區單弱條議防守事宜以備采擇事本道代攝嘉湖守巡二道印務遵奉軍門憲檄行令本道閱視嘉區武備料理一切防禦機宜蓋因該區向稱單弱未雨綢繆欲先時豫爲計度也本道生長於吳備兵於閩凡海上情形亦與聞其一二矣竊見蘇松等處州縣距海尚數十里而閩中郡邑濱海者多倚外山爲屏翰扼吭拊背有險可控未有若嘉區之剝膚者也海鹽海寧及乍浦澉浦梁庄等處海以城爲垣城以海爲池去城不及半里登

岈卽可攻掠所謂洋山許山者遠落大洋不知何處藉令乘風揚舲瞬息直達一船飄泊則所在震驚一倭登岈則所嚮辟易先年攻破乍浦官兵受其荼毒慘不忍言父老爲言前事靡不談虎而色變者顧今議及浙海輙以寧紹台温爲上游而嘉區爲稍緩不知嘉區西浙之門戶也財賦重于各區生齒繁于各區民間之蓋藏厚于各區倭中嚮導悉知各路之虛實萬一內犯嘉區必爲垂涎之地今該區之兵額不及温區二之一不及寧紹三之一隱然分輕重緩急之勢不知兩浙如人之一身頭目手足俱關緊要善

養身者必不令其有受病之處若謂嘉區可緩則南直不必籌海陳兵矣本道循行海上目擊險要耳拾聽聞忘其謭陋彙爲十二款儻可見之行事惟院臺一採擇焉一曰議添兵先據該叅有加兵之請見奉院批查議矣遡本道經臨海灘把總及軍民人等紛紛抱牘莫不請益焉其爲保持門戸計至諄切也夫加兵必先議餉談何容易然本道酌地形而熟慮之兵似有不得不增置者蓋該叅信地北接金山南抵錢塘延袤約四百里所陳兵卒不過民兵八百耳水兵一千六百耳軍兵一千六百九十餘名耳軍兵糧

糗不充腹僅堪守禦水兵遇汛分撥洋許守闗中遊四哨調遣不敷軍兵三營分守乍浦澉浦海寧三處民兵一營分守梁庄相懸各數十里聲勢不接其在海鹽屯劄者苐軍民兵各一營每營兵四百耳卒遇有警各依汛地畫疆而守沿海一帶處處可登在在緊要儻水兵不能迎截外洋而倭衆突侵内地掟襟露肘之形立見顧此失彼大屬可虞則請兵固非浪說也二曰議戰船該區大小戰船七十七隻海寧備倭把總統去船五十六隻中軍領船二十一隻各分守羊許守闗白塔黄道廟等處而衆將標下委無一

船聞警出海惟搭附中軍而中軍船稀力薄主將出師必須嚴兵自衛若領中軍船隻出洋則遺中遊信地不守此二十一船又不堪零星分布爲主將者即欲乘長風以衝海浪其如無船之可駕何令各區俱改設烏船而嘉區竝無烏船一隻此該叅所以亟亟有加船之議也三曰議兵餉地方養兵藉其死力以爲民捍禦餉不給則軍必餒師行未有不裹糧以從者今省會大營兵按月一發餉而嘉區則分上下半年給散上半年于出汛之時給領春汛猶堪自贍惟下半年直俟汛畢始給甁罍且罄不能飱沆瀣以度

晨昏則必稱貸以應從軍之急使枵腹之兵下海尚能横槊揮戈與賊相追逐乎徵發之令至嚴而承行藐玩如故本道所至軍民兵遮道呼泣懇祈最篤此在該府一徵督間而兵困可蘇非難事也各營軍民兵糧餉似合分爲四季行令嘉興府按季給發稍遲時日即嚴提吏書究解其各縣徵輸後時亦併提經管人役問罪解道細責有司不以兵餉爲急是緩視兵戎要務其爲泄泄之吏可知即聽道府徑註劣考以俟處分所當著爲定規嚴行申飭者也四曰議軍儲軍以食爲天衛所之軍至貧也全藉糧活命以赴

公家之役往例按月一發今遲至半年且不給矣其所以不給者奸胥猾吏謂每月一放所索無幾必半年纔可重索也諸軍無以贍饑必先揭名糧止得半價迨至唱放滿除滿扣勞役經年曾無實餉此苦其誰與愬乎本道又聞邊海軍糧每年除一月貼運及貼衛官公費再除一月爲各衙門使費使費不到則糧冊按捺不發其間又有千百戶恃各有印交通賄買零支冒領者窮軍月餉幾何能堪此輩蠶食與言及此眞可痛恨今查海寧衛所軍餉正二三四五月係海鹽縣廣儲常積二倉糧當分二次給發六七八

九月係本府折銀亦分二次給發十一十二月係衛所屯糧當一次併發其衛冊俱限三五七九十二月月終之日到府府冊糧单俱限出月初三日到道本道隨至隨發限于初七日給糧給糧完日該衛所明開放糧日期具照驗報道如違限一日即提違悞吏書從重究罪解責其衛官公費不得科扣軍糧印官詭支者查出坐贓条處各衛門經管人役扣索常例者依律究遣其廣儲常積二倉軍儲向係刁軍買支對兌積逋不解近被喬知縣驅除積棍百弊盡消併當勒石以杜後奸者也五曰抽餘丁海寧衛所原

額軍丁約以萬計承平日久戎行漸耗自曩時李叅戎議欲節省軍丁悉放歸民遂至軍伍乏人汛守不可支矣先是有議選餘丁充役者本道慮其騷擾不可爲也又慮餘丁未必剩存無可報也今訊之印官謂餘丁尚多儘可抽用所苦無糧供給耳有如懸餉召募軍丁不可招而致乎軍亦人耳揀練有法不與民兵同一敢戰乎計餉軍兵之費較民兵甚省沿海軍丁習水者使之貼駕佃田者使之協守隨其所居之處撥發就近軍營操練擇該衛所賢能官員從公選募不得假此以索軍則軍爲我用是亦團練土兵

之法也六曰重海防瀕海官兵雜居窵遠即叅遊亦不能時履其地日習其人則何有于監司夫監司之耳目不郡邑官僚之是寄而誰寄也查得蘇松及福建海防同知給有關防邊海之事一以委之惟浙爲不然今總哨之貪廉不同兵卒之勤惰互異兵有口而聲不上聞上有耳而聽不下徹職詳職要官各有體似宜專責海防官嚴爲稽察時爲訓練監司提其綱而郡佐挈其領凡總哨及衛所官員賢否悉令海防官開報臨汛殿最亦令本官從公分別則院司有臂之可使事有責成而軍戎永藉矣七曰愼用人夫

總千人之帥也哨百夫之長也一人廉則千百人之安飽實貽之一人勇則千百人之勇敢寔作之有如所用匪人則強兵易弱銳兵易惰養兵不爲地方之實用而統兵反爲各兵之實害凡債帥未有不取償于軍者軍食多不過三分少不及二分何能當此剝索也故領兵總哨必當熟詧其人徐試其技一軍未可輕假該區民兵二總或于聽用材官考選委用至于軍兵總哨似當擇本衛所職官統之不必借才于外衛也蓋嘉屬武弁桓桓赳赳者不乏軍餘係其服習之人海壖是其丘壠之地同儕之雌黃可畏必砥

礪以自完鄉邦之子弟可率或患難以相守至于選用之法量才較射觀其狀貌閱其履歷查其官評亦已得其人之大概矣間有請託求容者即明註鑽刺以示永棄介胄之屬有不聞風矜奮以圖擢用者耶

八曰議城守海鹽為叅將駐劄乍浦為備倭把總駐劄孤城臨海雖當絕險然居民稠密有警則民可為兵彼排門保長皆禦倭之人也人各衛其身家何難督率惟是澉浦城池與海寧海鹽相埒而屢居無白一焉以一千八百七十之城堞而用六百五十人守之守城者又皆尩羸不堪之老稚也其間六七歲之

童子十居其三蓋皆紀錄軍丁食三斗者麾之則幼丁無以自存而軍伍絕留之則弱丁徒以糜餉而城守虛此中雖有軍兵一營汛期與嘉湖道標兵二哨協守然兵以待敵非專爲守也地廓人稀易于崩潰添兵之後當再撥哨兵防守以圖萬全不然抽餘丁以爲城守備亦可以需緩急乎至如海寧一縣密邇省城止有軍兵一營屯守邊海要衝生聚甲于他邑兵力未充當防叵測臨汛似應再議撥兵協守者也

九曰懲破冒各邊城堡營寨海風震盪易于傾頽凡百修繕必倍加堅固方可持久若梁庄之重葺未及

三年而今又估修矣澉浦城城原詳動布政司額編修城銀兩今額銀不知被何人冒領又議扣軍糧抵補矣邊海軍糧安可議扣扣糧是作俑也後來凡遇工作有不議扣軍糧者乎梁庄之旋修旋毀必係委官之破冒而澉浦之修城額銀必係武弁之濫支此二事業經本道查駁然軍中冒濫如此類者安可勝紀以後凡遇修繕行令該府必委廉能官督工估計仍令掌印官查無破冒方准開銷五年之内傾毀者責原官賠補去任者責經管人役及工匠賠補印官虛結亦議罰幇修似應嚴飭以程工費者也十日嚴招

募浙有四區獨嘉區士卒虛驕不受裁抑將領一有懲刷便圖媒孽其短長其故何也蓋水陸各兵多係土人應募豪家厮僕恃勢憑陵視他處獨悍先年曾爲嘉區具　題不許土人充兵而土人卒不可逆絕今其風豈盡戢乎此後凡續招士卒先給印批擇哨隊習兵者往金華義烏永康浦江四縣招募補舵必擇寧台漁人及福建水兵充役解道驗中發營操練敢有土棍投充者罪及總哨則悍習可消而地方得兵之用矣十一曰飽墩軍該區墩堠約五十餘處每處墩軍五名日則令其瞭望夜則令其傳報一遇汛

期墩軍之勞苦倍之乃糧餉愆期與兵同守不得與兵同食墩軍無宿飽焉今議大汛每名先給米二石小汛一石總具花名一冊单支其他別差不得混入此亦守墩傳烽之所急需者也十二曰禁雜差管軍習操城軍習守墩軍習瞭水軍習戰如是而職業畢矣可無忝于縣官之廩餼矣乃正役以外率多差遣軍不苦本分之役而苦非分之差一身以應城操又一身以供差使夫是軍也皆半菽未飽之軍也官視軍爲子弟則軍以官爲父兄父兄不恤其子弟一遇有事其能爲我禦患乎今宜明示衛所及各營首領

本役之外不得再派雜差武職隱占軍丁以供私役者查出一併重治仍追名糧入官此亦節勞省役之一端也以上各款除添兵添船餉從何處酌議詳妥另行呈請外其條議兵餉軍儲十事係干該區防守事宜敦請憲令重申便可整頓爲此謬攄一得以備裁擇施行　越鐫

## 廣福浙兵船當會哨論

大海相連地畫有限若分界以守則孤圍受敵勢弱而危戢捕之謀能不賴于相須乎愚攷入番罪犯多係廣福浙三省之人通番流劫南風汛則勾引夷船

由廣東向上達于漳泉蔓延于興福北風汛則勾引夷船由浙而下達于福寧蔓延于興泉四方無賴又從而接濟之嚮導之若欲調兵捕勦攻東則竄西攻南則遁北急則潛移外境不能窮追緩則旋復合腙有難卒滅此夷船與草撇船之大勢也又有一種奸徒見本處禁嚴勾引外省在福建者則于廣之高潮造船浙之寧紹置貨糾黨入番在浙江廣東者則於福之漳泉等處造船置貨糾黨入番此三省之通弊也故福建捕之而廣浙不捕不可也廣浙捕之而福建不捕亦不可也必嚴令各官于連界處會哨如在

福建者下則哨至大城千戸所與廣東之兵會上則哨至松門千戸所與浙江之兵會在浙江者下則哨至流江等處與烽火之兵會在廣東者上則哨至南澳等處與銅山之兵會遇有倭警互爲聲援協謀會捕賊勢豈有不孤窮而海患豈有不戢寧者哉

南澳山在饒平巨海中周二百餘里因民梗化而遷除之至今不籍其地倭船番艘常泊焉廣兵捕之則逃於福洋福兵捕之則逃于廣洋誠爲極要害者又若潮州之柘林澳内有漳潮海寇外有暹羅諸番倭常泊舟于灣爲地方患洪武中始建大城千戸所于腹裏而外築烽墩以瞭望之

職方攷鏡

海防纂要卷之一

# 附全五册目録


**海防纂要（一）**

序

卷之一：廣東事宜　福建事宜　浙江事宜

**海防纂要（二）**

卷之二：南直事宜　北直隸事宜　遼東事宜

卷之三：皇圖一統説　本朝備倭通貢考

卷之四：朝鮮複國日本封貢議

**海防纂要（三）**

卷之五：預倭方略

卷之六：防倭標本説

卷之七：經略事宜

**海防纂要（四）**

卷之八：經略事宜

卷之九：紀捷

卷之十：紀捷

**海防纂要（五）**

卷之十一：約法

卷之十二：功令

卷之十三：選日門